AF224486

LA CAUSE

DE

TOUS LES ACQUÉREURS

D'IMMEUBLES

Pendant le cours légal du papier-monnoie;

ET RÉFUTATION

D'un systême monstrueux, tendant à les ruiner aujour-d'hui par une fausse interprétation de la Loi du 19 Floréal an 6, pour enrichir exclusivement *une seconde fois* ceux qui ne veulent *tenir aucun compte* des profits considérables qu'ils se sont déja procurés en vendant *au temps des assignats.*

Par le Citoyen MESLIER.

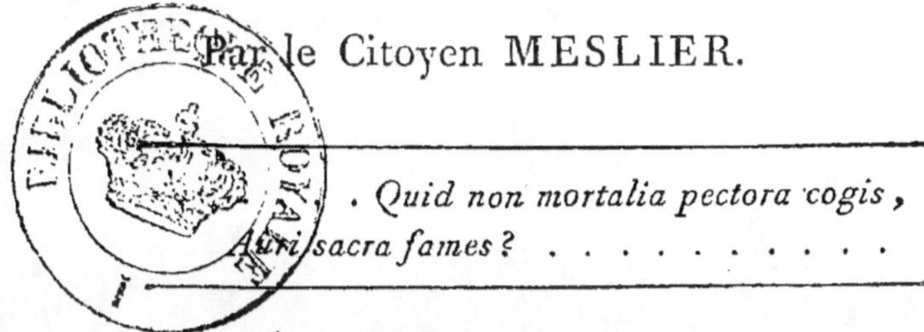

. . *Quid non mortalia pectora cogis,*
Auri sacra fames? . . . .

Prix, 12 sous.

Se trouve à PARIS,

Chez {
L'AUTEUR, rue Jacob, N.º 1226;
PETIT, Libr. aux galeries de bois, palais Égalité.

Messidor an 6.

LA CAUSE

DE TOUS LES ACQUÉREURS D'IMMEUBLES

Pendant le cours légal du papier-monnoie.

Les Tribunaux civils retentissent en ce moment des doléances plus ou moins hypocrites de tous les vendeurs d'immeubles pendant la dépréciation des assignats. A les entendre, ils ont été tous victimes des circonstances ; ils ont éprouvé une lésion énorme dans leurs marchés. Ceux mêmes d'entr'eux qui ont vendu aux criées, avec toutes les formalités d'un décret forcé, à la concurrence et au feu des enchères publiques, sous les yeux et par l'organe du Magistrat qui présidoit à l'adjudication qu'ils provoquoient, osent aujourd'hui traîner leurs acquéreurs devant la Justice, et y soutenir que l'immeuble qu'ils ont aliéné n'a pas été porté au *véritable* prix qu'il avoit *alors*. D'autres qui ont, avec le prix convenu et payé, conformément aux conditions de leur contrat, éteint des dettes considérables contractées en numéraire, acheté d'autres immeubles au prix courant, formé des manufactures, des établissemens et des magasins ; doublé, triplé leur fortune par toutes les spéculations heureuses, la facilité des grands reviremens, et toutes les chances lucratives que les circonstances de ce moment faisoient naître et favorisoient : ceux-là prétendent bien de

A

même qu'ils rentreront, presque sans bourse délier, **dans** leurs propriétés, ou qu'ils vont être autorisés à lever sur les citoyens avec qui ils ont traité, des contributions qui n'auront d'autre mesure que leur avidité. Il faut, pour les satisfaire, renverser toutes les fortunes, revenir sur toutes les transactions les plus sacrées, jeter le trouble dans toutes les familles : **ce** qui prouve invinciblement qu'ils n'ont d'autre but secret que de saper indirectement l'irrévocabilité des remboursemens de toute espèce qui ont pu être faits sous l'égide et la garantie des Loix, jusqu'au 29 messidor an 4 ; irrévocabilité solemnellement proclamée par la Législation nationale, et qui, malgré des inconvéniens qui disparoissent devant le bien général de la société, est le plus infaillible garant du maintien de la révolution.

Tous ces demandeurs en rescision ne manquent pas de revendiquer en faveur de leur système spoliateur, l'intérêt de la morale et de l'équité, de même que l'esprit et le texte des Loix des 16 nivose et 19 prairial an 6.

Il est temps d'attaquer hautement tous leurs sophismes et de rassurer enfin ceux qu'ils ont cherché à effrayer par leurs clameurs inconsidérées ; il est temps de réfuter quelques hommes de loi, qui ont aveuglément épousé dans des écrits récemment publiés, les intérêts des vendeurs en général, avec une partialité notoire ; et qui ont tenté de faire prendre le change sur les véritables bases qui doivent guider la décision des Magistrats dans les réclamations de cette nature.

Pour remplir cette tâche avec un peu d'ordre, on se

propose d'établir dans cet ouvrage quatre points principaux.

Il sera prouvé ,

1.º Que les Loix des 16 nivose et 19 prairial an 6 , n'ont point introduit des principes nouveaux sur la manière d'apprécier la lésion invoquée par les citoyens qui prétendent avoir éprouvé une lésion d'outre-moitié dans les aliénations qu'ils ont faites pendant la dépréciation du papier-monnoie.

2.º Que d'après les règles de la simple équité , le prix que les fonds vendus pendant la dépréciation du papier-monnoie avoient avant la révolution , ou ont réacquis depuis le retour du numéraire , ne peut être un moyen légal d'apprécier la lésion dont se plaignent les vendeurs.

3.º Que les assignats ayant eu un cours forcé entre tous les citoyens, pour leur valeur nominale, depuis le 1.ᵉʳ janvier 1791 jusqu'au 29 messidor an 4 , les paiemens qui ont été faits dans cette monnoie d'alors et pendant tout cet intervalle par les acheteurs , les ont irrévocablement libérés du prix ou du restant de prix stipulé dans les contrats de vente.

4.º Enfin que la plus grande partie des demandes en rescision , dont les Tribunaux sont saisis en ce moment , n'a pour objet de la part de ceux qui les forment, que de faire consacrer, sous l'apparence de l'équité , les gains les plus illicites , et le versement entre leurs mains, *à titre de restitution,* d'une valeur qui n'en est jamais sortie.

Cette discussion comprendra nécessairement toutes les difficultés de la matière , et la réponse aux diverses objections , plus ou moins spécieuses , qui sont sans cesse dans la bouche des demandeurs en rescision et de leurs partisans.

§. I.er

Les Loix des 16 et 19 prairial an 6, ne forment point un droit nouveau, et elles assujettissent les demandes en rescision aux mêmes règles que les actions qui étoient exercées dans l'ancien régime sous cette dénomination.

La Loi du 14 fructidor an 3 , avoit suspendu les actions en rescision pour cause de lésion d'outre-moitié. A cette époque, le dépérissement sensible de la valeur des assignats faisoit déja prévoir aux Législateurs toutes les combinaisons de cupidité qui alloient produire une foule de demandes de cette espèce , et ils pensèrent qu'ils n'étoient pas encore en mesure d'asseoir les bases de la Loi qui en régleroit l'exercice. D'ailleurs le papier-monnoie régnoit encore , et ayant toujours par la fiction désastreuse de la législation une valeur censée égale à celle du numéraire métallique, le temps n'étoit pas venu de reconnoître dans une Loi solemnelle, que les assignats n'avoient jamais valu en réalité ce qu'ils avoient paru représenter. Après la ruine définitive du papier-monnoie , ces mêmes Législateurs ont dû rendre aux citoyens les droits dont ils avoient été privés par circonstance , et remettre en vigueur les anciens principes relatifs à la rescision des ventes. Il a été juste , dans tous les temps , que les Loix vinssent au secours des citoyens , qui , dans l'aliénation de leurs fonds , avoient éprouvé une lésion énorme ; en conséquence , le Corps législatif ne pouvoit pas enlever pour toujours aux individus qui avoient vendu leurs immeubles sous le régime du papier-monnoie , les moyens de prouver que par erreur ou aveuglement ils n'avoient pas stipulé la quantité d'assignats équivalente au prix de ces immeubles , *dans le moment de l'aliénation*. Le nombre de ces victimes n'étoit pas considérable , suivant toutes les apparences ; mais il suffisoit de pouvoir supposer que la suspension prononcée par la Loi du 14 fructidor fût préjudiciable aux droits *d'une seule ,* pour que cette suspension dût être rapportée. Aussi le Corps législatif commença-t-il à laisser entrevoir dans la Loi du 16 nivose an 6 , relative aux bases d'après lesquelles la plus grande partie des transactions faites sous le règne du papier-monnoie seroient rétablies , qu'il alloit également rendre aux plaintes légitimes de ceux qui avoient été lésés dans les ventes d'immeubles , toute leur énergie.

C'est dans l'art. 5 du titre premier de cette Loi , que cette intention se trouva consignée , et il n'est pas inutile d'en rapporter ici tous les termes.

« Les acquéreurs (y est-il dit) qui ont payé en papier-monnoie , conformément aux loix existantes , une partie du prix convenu , sont valablement acquittés d'une semblable quotité proportionnelle de la valeur estimative de l'immeuble vendu ; de sorte que s'ils ont payé la moitié ou les trois quarts du prix stipulé , ils ne pourront être considérés comme débiteurs que de la moitié ou du quart restant de la valeur estimative , telle qu'elle sera réglée par l'expertise , sans préjudice toutefois de l'action en lésion d'outre-moitié , *dans les cas de droit* , dont le mode et les effets seront réglés par une Loi particulière.

On reviendra par la suite , et en son lieu , sur les conséquences très-claires qui résultent des premières dispositions de cet art. 5 de la Loi du 16 nivose dernier , et l'on observe seulement que celles qui se trouvent à la fin manifestoient hautement que la Loi particulière sur l'exercice de l'action en lésion , ne formeroit point une action d'une nature nouvelle, mais qui seroit uniquement basée sur les cas de droit ou de l'ancien droit ; ce qui signifie la même chose.

Or, la théorie de ces cas de droit est très-simple , et elle peut se réduire aux règles suivantes.

1.º Dans les ventes des immeubles, *si le prix stipulé* est moindre que la moitié de la juste valeur, le vendeur peut faire résoudre sa vente.

2.º Le juste prix sur lequel la lésion doit être reconnue, est la valeur de la chose d'après l'opinion publique et le cours *au temps de la vente ,* et non *au temps de l'action en restitution ,* ni à toute autre époque.

3.º Si la chose se trouve vendue à moins de la moitié de son juste prix , l'acheteur a le choix ou de rendre la chose et retirer le prix qui avoit été payé , ou de parfaire le juste prix et la retenir.

4.º Une jurisprudence constante rejette toute action en lésion prétendue d'outre-moitié contre les ventes faites en justice, par la certitude que le juste prix *du moment de la vente a été atteint;* à moins que le vendeur ne puisse articuler la fraude ou le dol.

Tel est en peu de mots le résumé des vrais principes de cette matière, et qui ont été remis en vigueur par la

Loi du 19 prairial prédite par celle du 16 nivose, sans autre modification que des développemens de circonstances qui doivent en diriger l'application sans en altérer la nature.

Cependant à peine cette Loi fut-elle rendue, que l'ignorance, la cupidité et la mauvaise foi ne tardèrent pas à l'expliquer dans un sens diamétralement opposé aux vues des Législateurs. Bientôt de ces commentaires erronés se forma un bruit presque général, d'après lequel on prétèndoit que ce décret cassoit toutes les ventes d'immeubles faites pendant les assignats, et prononçoit qu'il n'y en avoit eu aucunes faites à leur juste prix. Bientôt ce mensonge fut répété ou indirectement accrédité par des praticiens sans délicatesse, affamés de procès et de discorde, qui entrevirent des gains flatteurs, une moisson complette dans la propagation de cette opinion frauduleuse. Les citoyens peu instruits, et incapables d'apprécier la véritable signification des termes, crurent bonnement *s'ils étoient vendeurs*, qu'ils alloient rentrer infailliblement dans leurs biens sans bourse délier, ou s'ils *étoient acquéreurs*, qu'ils étoient infailliblement ruinés. Cette annonce de contribution à recevoir ou à subir, mit les uns et les autres dans une agitation subite, les amena par flots dans les cabinets ; et dans ce moment encore, il n'y a que ceux qui se sont adressés à des légistes instruits et intègres, qui soient détrompés.

Bien loin qu'aucune disposition de la Loi du 19 floréal an 6, prononce qu'il n'y a point eu de ventes d'immeubles faites à leur juste valeur, pendant la durée des assignats ; elle a pris au contraire toutes les précautions les plus recherchées pour empêcher la cupidité des vendeurs de donner une latitude illimitée et arbitraire à la lésion dont ils ne manqueroient pas de se plaindre. Elle a caractérisé les élémens qui serviroient de guide aux Experts, dans le cas où la lésion seroit déniée, avec une précision qui déroute tous ceux qui voudroient abuser de cette loi salutaire.

En effet, dès son début elle annonce qu'elle n'a pour objet que de « déterminer promptement dans quels cas » et de quelle manière *la lésion d'outre-moitié* du » juste prix, pourra être opposée et établie contre les » ventes, dont le prix a été *stipulé* en assignats. » Ainsi c'est d'une action *connue* et préexistante, que la Loi rétablit l'exercice suspendu ; ce n'est pas une action en *lésion* indéfinie qu'elle crée, quelque considérable qu'elle ait pu être par suite des circonstances, dont le désavantage pesoit alternativement sur tous les citoyens ; c'est de l'action en *lésion d'outre-moitié* qu'elle s'occupe ; enfin ce n'est pas d'une lésion dans le mode ou les époques des paiemens qu'il s'agit ; c'est d'une *lésion d'outre-moitié* dans la *stipulation du prix* qu'elle entend parler. Voilà la seule espèce de *lésion* dont elle autorise l'examen.

L'article 1.er dans lequel se trouve toute la substance de ses dispositions, est conforme à l'apperçu clair et précis du *considérant* qu'on vient d'analyser.

« Pour juger (y est-il dit) s'il y a lésion dans les » ventes faites en papier-monnoie entre particuliers, » depuis le 1.er janvier 1791, jusqu'à la publication. » de la Loi du 14 fructidor an 3 ; les tribunaux » ordonneront l'estimation par Experts de la juste

» valeur CONTRE ASSIGNATS qu'avoit l'immeuble vendu
» AU TEMPS DU CONTRAT. »

Ainsi c'est l'intention de la Loi, que les Experts s'occupent uniquement de la recherche d'un prix qui n'existe plus, c'est-à-dire de la fixation de la quantité d'assignats que valoit l'immeuble, suivant le cours et l'opinion publique d'alors ; et il est évident qu'il leur est interdit de se déterminer dans leurs estimations sur des bases étrangères à cette idée. Les tribunaux sont les gardiens et les protecteurs de cette disposition , et ils ne permettront à aucun plaideur de s'en écarter.

Les trois considérations qui sont recommandées aux Experts dans la suite de l'article dont il s'agit, ne sont que le développement de l'esprit de la Loi à cet égard , lorsqu'il y est dit qu'ils auront en conséquence égard,

« 1.º A l'état et au produit de l'immeuble au temps
» du contrat. »

C'est-à-dire en assignats et non autrement.

« 2.º A la valeur contre assignats qu'avoient dans
» la contrée ou dans les lieux les plus voisins , les
» immeubles de même nature , à l'époque de la vente
» ou époques les plus rapprochées. »

« 3.º Aux facilités et avantages résultant des termes
» accordés pour le paiement du prix de la vente. »

Ce qui signifie uniquement, qu'en comparant deux biens de même valeur vendus vers la même époque , ils sont autorisés à évaluer un peu moins celui dont le paiement a été stipulé *comptant*, et un peu plus, celui pour lequel on accordoit quelque délai ; différence au surplus qui ne peut être d'une importance remarquable, puisqu'à cette époque chacun se procuroit des capitaux avec une aisance qui n'avoit jamais existé , et qui ne se reproduira jamais.

Ceux-là donc sont dans l'erreur ou feignent d'y être, qui pensent , proclament ou cherchent insidieusement à accréditer , que la Loi du 19 floréal favorise cette foule de demandes en rescision , dont les Tribunaux sont inondés , et que des vendeurs avides ne se disposent à étayer que sur des déclamations touchantes et adroites , que sur des comparaisons d'*assignats* et de *numéraire*. Celles-là seules au contraire seront accueillies , comme il vient d'être démontré , dans lesquelles il sera prouvé que le prix stipulé en assignats au jour du contrat , étoit éloigné, suivant l'opinion générale qui faisoit le cours du moment , de plus de moitié du prix de circonstance qu'avoit l'immeuble vendu. Par exemple : tel demandeur doit réussir, qui ayant vendu 150,000 livres en *assignats* un immeuble, prouvera que le même jour tous les biens de la même nature et du même produit ou à peu près , étoient vendus en *assignats* 225,000 livres. C'est pour ce cas unique que la Loi a été faite , et toutes les autres *plus-values* intermédiaires depuis 150,000 livres jusqu'à 225,000 livres et plus , sont indifférentes aux termes de la Loi , et n'empêcheront pas que des demandes imprudentes ne soient proscrites par les Tribunaux.

§. II.

D'après les règles de la simple équité, le prix que les fonds vendus pendant la dépréciation du papier-monnoie avoient avant la révolution, ou ont réacquis depuis le retour du numéraire , ne peut être un moyen légal d'apprécier la lésion dont se plaignent les vendeurs.

On a vu dans le paragraphe précédent , que la Loi avoit indiqué les élémens qui devoient guider les estimateurs, dans les cas où leur ministère seroit nécessaire; et par le soin qu'elle a pris de les renfermer dans un cadre précis , il en résulte que tous autres apperçus se trouvent exclus de ce cercle. Dans cette cathégorie se trouvent toutes les considérations plus ou moins puissantes , relatives aux prix anciens ou nouveaux des immeubles.

D'abord, il est avéré que depuis six ans le prix réel des immeubles a considérablement baissé ; que les marchés furtifs qui ont pu se faire en numéraire métallique pendant le cours légal du papier, n'ont eu que des bases inconnues , versatiles et très-éloignées de l'ancien taux ; et les ventes qui se font publiquement aujourd'hui depuis le retour légal des espèces métalliques , attestent que les fonds sont tombés au-dessous de la moitié des prix courans de 1789.

En second lieu, la valeur réelle du numéraire dans l'intérieur de la France pendant le cours des assignats , n'ayant pu être légale d'après la législation de cette époque, ne peut être aujourd'hui, sous aucun prétexte, un terme de comparaison légal.

Enfin c'est un fait constant, que les assignats ont commencé à perdre plus ou moins sensiblement de leur valeur représentative, depuis le premier jour de leur émission, jusqu'à leur entière extinction, et que néanmoins les immeubles n'ont point augmenté de prix en assignats avec une rapidité analogue et dans la même proportion. Tout le monde se rappelle que les comestibles, les choses usuelles et qu'une grande quantité de marchandises se vendoient en assignats à 10, à 15, à 20 capitaux d'autre fois, lorsque les terres et les maisons ne se vendoient encore dans la même monnoie que 2, 3 ou 4 capitaux.

Sans chercher à expliquer par des considérations hasardées, cette bizarrerie, cette erreur singulière de l'opinion publique; ce qu'il importe de faire remarquer, c'est que le fait est certain, c'est que nous en avons tous été témoins. Vers le commencement de l'an 3, les immeubles ne se vendoient encore dans les adjudications et chez les Notaires, qu'au double de leur valeur d'autre fois, lorsque déja le pain, la viande et le vin se vendoient au quadruple dans les marchés et les magasins. Delà il suit que les immeubles, excepté vers la fin du papier-monnoie n'ont jamais eu dans l'opinion publique, comme beaucoup d'autres objets, un prix proportionné à celui de la pièce d'or, et que cette nature de marchandise inamovible, s'est presque toujours soutenue au-dessous de ce niveau.

Delà il suit une vérité importante; c'est qu'il seroit

contre toutes les règles de la justice, d'apprécier la lésion dont se plaignent à tort et à travers des vendeurs qui se sont enrichis , ou ont rétabli par leurs ventes , leurs affaires délabrées , par les rapports que le prix en assignats dont ils se sont contentés, avoit ou n'avoit pas à l'époque de la vente avec le prix du numéraire.

Ainsi il faut éliminer le raisonnement que font les vendeurs, en disant : « La quantité d'assignats dont » j'ai eu le malheur de me contenter par aveuglement, » ne représentoit au jour de la vente de ma terre que » telle quantité de numéraire ; cette quantité n'est » que le demi-quart de la valeur qu'avoit cette terre » avant la révolution, et n'est encore que le quart de » ce qu'elle vaut aujourd'hui entre les mains de mon » acquéreur ; donc j'ai été horriblement lésé. »

Le vice de cette argumentation est sensible , puisqu'il est prouvé que les fonds n'ont eu à aucune époque de la révolution un prix proportionné à la perte que les assignats essuyoient au change contre le numéraire, à la différence des choses usuelles qui , avant et après le *maximum ,* se sont constamment soutenues dans les opérations libres du commerce. Cette manière d'établir la lésion , seroit donc contraire à toute justice ; et sous des rapports d'équité seule , le mode de la loi est préférable. La lésion ne se conçoit que d'après le véritable prix du moment en assignats. Toutes les autres bases sont fautives et capables d'égarer, et ne peuvent donc être adoptées par des juges chargés de faire respecter les *seules* que la Loi admette.

§. III.

Les paiemens qui ont été faits en assignats pour l'acquit du prix stipulé, à quelque époque que ce soit, pourvu que ce soit antérieurement au 29 messidor an 4, ont irrévocablement libéré les acheteurs.

Presque tous les demandeurs en rescision pour cause de prétendue lésion d'outre-moitié, fondent leurs plaintes et leurs espérances sur la différence des valeurs qu'ils ont reçues, comparées à celles qui avoient été stipulées dans leurs contrats.

« Supposons, disent-ils, que les assignats contre
» lesquels tel immeuble a été vendu, formassent le
» jour du contrat le juste prix de sa valeur réelle; cela
» suffira-t-il pour valider le contrat sans retour? Non
» sans doute; il faut encore que l'acquéreur ait donné
» en assignats, non pas seulement la même somme,
» mais la même valeur qu'il avoit promise. Il est inu-
» tile de rappeler que presque toujours il s'écouloit
» au moins quatre mois entre la vente et le paiement;
» et que dans cet intervalle, les assignats ont souvent
» perdu quatre à cinq cens et mille pour cent; le
» vendeur recevoit bien la somme stipulée, mais elle
» ne formoit pas pour lui le quart de la valeur réelle
» de son prix, qui lui-même n'égaloit pas la moitié
» de la valeur réelle de sa chose. » *Réflexions analy-tiques sur la résolution du 27 ventose, par le citoyen Vignan, page 7.*

Cette objection, quoique fondée sur des faits avé-rés, ne prouve rien en matière de lésion. Elle tend à prouver que les remboursemens autorisés par les Loix qui nous ont régis, ont été par suites des circonstances, plus ou moins frauduleux. Mais cette vérité qui n'est pas neuve, n'entraîne point la conséquence nécessaire que tous les contrats de vente doivent être anéantis. Ceux qui ont fait la Loi du 19 floréal, savoient bien tous les maux qu'a produits le papier-monnoie; et ils n'ont point autorisé les demandeurs en rescision à établir la lésion sur la valeur de l'assignat *au moment du paiement*, mais uniquement sur la valeur du fonds contre assignats *au moment de la stipulation*. Pourquoi? Parce qu'un mal, quelque grand qu'il puisse être, ne peut être convenablement réparé par la subversion de la société entière, dont le salut tient au maintien des remboursemens. Puisque des raisons d'état, des considérations majeures de salut public, les ont maintenus jusqu'au 29 messidor an 4, quelque vile que fût alors la monnoie qui les opéroit; les paiemens de prix d'immeubles, même à des époques fort éloignées du moment de la stipulation , *qui n'étoient autre chose que des remboursemens*, doivent être également irrévocables; et ils ne le seroient pas si les Loix des 16 nivose et 19 floréal avoient autorisé les demandeurs à fonder leur lésion de cette manière. Ce seroit indirectement anéantir les effets d'une Loi bien reprochable sans doute sous beaucoup de points de vue, mais qui, dans son imperfection, étoit encore de quelques degrés moins immorale que nécessaire. Les vendeurs qui ont reçu des paiemens tardifs, ne sont certainement pas plus intéressans que les créanciers de sommes prêtées en numéraire métallique avant la révolution, qui ont reçu à la fin de l'an 3 des assignats en remboursemens , et dont le paiement est déclaré définitif. Si les débiteurs de sommes métalliques sont déclarés définitivement libérés par des Loix positives dans cette circonstance ; les acquéreurs ne peuvent pas être recherchés pour des libérations infiniment moins odieuses, puisque, dans ce dernier cas, *des assignats* éteignoient des dettes contractées *en assignats.* L'article 5 de la Loi du 16 nivose an 6 , déjà précédemment cité , ne doit laisser aucune espérance aux vendeurs d'abuser avec succès devant les Tribunaux , des considérations relatives au plus ou moins de valeur des assignats avec lesquels ils ont été payés. « Les » acquéreurs , y est-il dit , qui ont payé en papier- » monnoie, conformément aux Lois existantes.... sont » valablement acquittés. »

Enfin on ne peut trop revenir aux considérations générales , dans une pareille matière.

Sans doute il faut convenir que dans l'intervalle du mois de janvier 1791 , au 29 messidor an 4, tous les marchés , toutes les transactions commerciales des citoyens , ont été plus ou moins entachés de cette imperfection qui tenoit au décroissement journalier de la monnoie qui régnoit alors. Ce mal est grand , mais il tenoit à des circonstances impérieuses, que la probité la plus pure ne pouvoit surmonter. Faut-il en conclure aujourd'hui , que tout ce qui a été fait depuis 1791 , doit être anéanti ? Faut-il armer tous les citoyens les uns contre les autres? Faut-il, parce que dans toutes les conventions il y a eu des erreurs, parce que, dans

aucune

aucune stipulation , le vrai prix convenu n'a été le vrai prix reçu, rescinder aujourd'hui tous ces contrats? Mais dans ce cas , celui qui se plaint deviendroit lui-même défendeur ,. en raison de tous les actes qu'il auroit souscrits. D'ailleurs, pourquoi borneroit-on aux contrats d'aliénation d'immeubles , la réparation des injustices? Pourquoi, si la vérité est une , ne récla-merez-vous pas son triomphe dans toutes les circons-tances de détail où elle a été blessée? Il faudroit donc aussi, suivant les rigoristes, rentrer en compte aujour-d'hui avec les boulangers, bouchers , marchands de vins , artisans, ouvriers et artistes , qui ont échangé leurs denrées, leurs services et leurs talens contre nos assignats , pendant cinq années consécutives , car ils ont été lésés dans tous leurs marchés, qui doivent être aussi favorables aux yeux de la justice que ceux des propriétaires de fonds ; il faudroit donc indemniser aussi le propriétaire qui nous a logés , le marchand d'étoffes qui nous a couverts , le carrossier qui nous a voiturés ; en un mot tous les individus de la grande famille avec lesquels l'organisation sociale nous a mis en rapport pour la moindre affaire d'intérêt , et avec qui nous avons fait pour nos besoins habituels des mil-lards de conventions journellement répétées, dans les-quelles celui qui a reçu des assignats , n'a jamais reçu ni *la vraie valeur réelle*, eu égard au taux du numé-raire, ni *la vraie valeur convenue* par l'intervalle plus ou moins long qui s'écouloit entre l'instant de la fixa-tion du prix et celui du paiement effectif en une monnoie dépérissant sans cesse.

Oui, pendant cinq années consécutives, par la faute

B

d'une législation immorale, dont les individus ne peuvent être responsables , puisqu'elle pesoit sur eux comme force majeure, tous les Français ont été alternativement trompeurs et trompés ; mais la réciprocité désastreuse de cette fraude légale, tantôt active, tantôt passive entre les citoyens, établit par cela même une balance d'avantages et de désavantages qui en neutralisoit les effets pour les uns et les autres.

Les bons esprits sont convaincus que dans beaucoup de circonstances, le mieux est l'ennemi du bien ; que vouloir purger la révolution de toutes les injustices de détail qui s'y sont en quelque façon incorporées par l'immoralité ou l'ignorance des Législateurs d'une certaine époque , ce seroit vouloir la renverser de fond en comble, remédier à un grand mal par un mal plus grand encore , et prolonger des troubles et des déchiremens dont il résulteroit de nouveau les scènes les plus violentes ; enfin, que prétendre, par des spéculations abstraites d'équité quintessenciée , remettre en fermentation les intérêts pécuniaires de tous les citoyens, ce seroit aberration d'esprit , au lieu d'être vertu et justice ; et que dans cette matière, comme dans toutes les thèses qui sont fondées sur des excès de principes , c'est le cas de se rappeler de l'axiôme : *Summum jus, summa injuria.*

§. IV. et dernier.

Cupidité et mauvaise foi de presque tous les demandeurs en rescision , pour prétendue lésion d'outremoitié.

On n'a point ici pour objet d'insulter au malheur

des propriétaires dépouillés par des acheteurs sans délicatesse, qui ont abusé du pressant besoin des premiers, pour obtenir leur patrimoine à vil prix en assignats ; qui par fraude et séduction ont extorqué des ventes, moyennant des sommes qui ne formoient pas les deux tiers de la valeur réelle *en papier*, *au moment de l'aliénation* et suivant le cours de cette époque : on pense, on aime à répéter au contraire, que ceux des demandeurs en rescision qui se trouvent dans cette classe, méritent toutes les faveurs de la justice, puisque c'est pour eux *seuls* que la Loi du 19 floréal a organisé le mode des restitutions et indemnités, que les principes sur la lésion d'outre-moitié leur auroit assurées dans tous les temps. C'est à eux qu'il doit revenir un complément de prix ; c'est dans leurs mains qu'il est juste, qu'il est urgent de faire rentrer les valeurs que la ruse, l'avarice et l'intrigue ou même une erreur énorme, un aveuglement sans exemple, en a pu faire sortir.

Mais cette classe de victimes aveuglées, de vendeurs dans la misère, d'hommes sans instinct pour leurs intérêts, est-elle bien nombreuse ? Non sans doute, et ce seroit blesser toutes les règles de la vraisemblance, d'admettre que dans la foule des plaideurs en rescision, qui obstruent les Tribunaux de leurs réclamations, il s'en trouve plus d'*un* sur *cent* qui soit réellement dans l'hypothèse que l'on vient d'expliquer.

Il suffit, pour s'en convaincre, de se rappeler comment et par quels motifs toutes ces mutations rapides d'immeubles se faisoient pendant le régime du papier-monnoie.

Projets d'agiotage et d'acquisition de meubles et marchandises ;

Projets de remboursement de dettes *contractées en numéraire* avant la révolution ;

Projets de changer un immeuble de situation ou de nature ;

Projets d'extinction de rentes *constituées en argent;*

Projets d'achats de biens nationaux *à bon marché ;*

Projets de manufactures et d'établissemens ;

Projets de mises de fonds dans des entreprises lucratives ;

Projets de constructions considérables à bas prix ;

Projets de spéculations en tous genres, tendant à échanger des valeurs *nominales* contre des valeurs *réelles :*

C'étoit toujours l'une ou l'autre de ces raisons qui déterminoit un propriétaire , pendant le régime du papier-monnoie , à aliéner son immeuble : et , comme on voit, ces sortes de ventes offroient dans ce moment *au vendeur* des chances telles que la résurrection seule des mêmes circonstances (ce qu'à dieu ne plaise) pourroit en présenter d'aussi avantageuses.

Ainsi l'on peut regarder comme constant , que tous ces demandeurs actuels en rescision , ont , avec ces mêmes assignats qu'ils dépriment aujourd'hui , formé des magasins , remboursé leurs dettes et leurs rentes anciennes , dégagé leur fortune de toutes les charges ruineuses qui l'obéroient; acquis des propriétés rurales ou d'habitation , dont l'importance a au moins doublé leur revenu ancien ; exécuté des bâtisses pour lesquelles il eût fallu consacrer autrefois des capitaux doubles ou triples ; en un mot , amélioré leurs affaires de tous les avantages que la circulation du papier-monnoie assuroit au moins habile.

Et voilà les victimes qui font des procès à leurs acquéreurs d'alors , pour obtenir des complémens de prix en numéraire , des contributions quelconques , sous l'apparence d'indemnités et de restitution.

Leurs prétentions sont donc le fruit de la cupidité et de la mauvaise foi. L'impossibilité actuelle de remettre en cas de résiliation, les parties au même état où elles étoient au moment du contrat, et de rendre à l'acqué-reur toutes les chances qu'il avoit pour tirer un parti avantageux de ces mêmes assignats *avilis*, avec lesquels le vendeur vient se plaindre d'avoir été payé , est une considération frappante qui met dans une haute évi-dence toute l'injustice en général de ces sortes de demandes. Quelque *avilis* qu'ils fussent , aucun ven-deur ne peut rendre à l'acquéreur la *valeur réelle* du moment qu'ils avoient , à l'époque quelconque où ce vendeur les a reçus : par conséquent tout retour sur des contrats de cette espèce , ne peut se faire sans une iniquité dont l'acquéreur seroit gratuitement victime. C'est ce dernier qui seroit spolié aujourd'hui , pour augmenter la fortune des vendeurs , et pour réparer de prétendues pertes qu'ils n'ont point subies , ainsi qu'il est démontré, si les calculs spécieux et hypocrites de l'avidité étoient accueillis.

Heureusement la Loi du 19 floréal, trop calomniée par ceux qui avoient intérêt à ce que ses véritables dispositions fussent méconnues, contient en elle-même des mesures propres à déjouer l'abus que les demandeurs en rescision veulent en faire. Heureusement toutes ces contestations scandaleuses seront soumises, dans cette capitale sur-tout, à des Magistrats instruits qui apprécieront à leur juste valeur les déclamations de ceux qui se plaignent d'une opération qui les a enrichis, ou au moins leur a donné la faculté, alors légale, d'en tirer de grands profits ; et qu'ils consacreront hautement, en proscrivant les 19 centièmes de ces répétions hasardées, le triomphe de cette règle de droit si connue :

Neminem decet alterius detrimento locupletari.

Indépendamment des moyens de défenses généraux, avec lesquels les acquéreurs d'immeubles, pendant le régime du papier-monnoie, peuvent réfuter la plus grande partie des vendeurs, il en est de particuliers non moins solides qui s'appliquent à certains d'entr'eux, et dont le succès est encore plus évident.

Il s'agit ici de la fin de non-recevoir insurmontable qui s'élève *à limine litis*, contre les vendeurs qui ont aliéné leurs immeubles à la chaleur des enchères, et par conséquent avec la forme la plus susceptible d'assurer dans tous les temps que le véritable prix *du moment de la vente* a été atteint.

En effet, n'est-ce pas une dérision odieuse de voir que cette classe de *prétendues victimes*, qui, dans le temps de ces adjudications *d'agiotage*, remplissoient la salle des criées de leurs *compères*, pour élever au plus haut prix *du moment*, les immeubles dont ils trafiquoient, veulent encore aujourd'hui imposer de nouvelles contributions, et avec la protection des Tribunaux , sur les capitalistes , que la nécessité des *remplois* amenoit aux adjudications ?

S'il est évident que la Loi du 19 floréal an 6, ne peut autoriser la rescision que des ventes faites au-dessous du prix que l'opinion publique ou *le cours* donnoit aux immeubles *en ce moment;* il est donc impossible que ceux qui viennent invoquer *la lésion d'outre-moitié* contre une aliénation de cette espèce, aient le moindre prétexte de se faire écouter. La preuve qui subsiste d'avance, que leur bien a été adjugé au plus haut prix qui étoit possible alors, est bien plus infaillible sans doute que toutes celles qu'ils proposent à la justice de chercher. Aussi ce ne peut être que pour l'égarer, ainsi que les Experts, qu'ils osent demander qu'on recoure à l'estimation. Leurs plaintes ne méritent pas même les honneurs de l'examen; ils ne cherchent qu'à faire consacrer un acte de cupidité indigne de ménagement; et ce seroit de la part des Tribunaux les aider dans leurs projets spoliateurs, que de ne pas en faire justice sur-le-champ.

Le plus haut prix possible de l'immeuble *à l'instant de la vente étant connu,* comment pourroit-on recourir à des mesures d'expertise toujours fautives et arbitraires, jusqu'à un certain point, *à l'effet de le connoître?* Une opération visiblement inutile ne peut être un moyen légal d'arriver à la vérité; et les tribunaux l'accueilleront d'autant moins, qu'ils sont convaincus qu'en matière de preuve judiciaire, on ne peut jamais s'écarter, sans inconvénient, de la maxime : *Non sunt multiplicanda entia sine necessitate.*

Une jurisprudence constante assure la force de cette

fin de non-recevoir contre toute demande en lésion,
qui a pour origine une vente *par décret forcé;* parce
que la formalité de l'enchère publique, qui est la prin-
cipale et la plus décisive, est une preuve éternelle
que le bien adjugé a été porté à sa vraie valeur du
moment. Mais une vente, quoique volontaire, qui pré-
sente le même garant pour la justice, doit la conduire,
par une analogie sensible, à la même conséquence. Ce
n'est pas parce qu'une vente est faite en *décret forcé,*
qu'elle est jugée irréfragable; c'est parce que le mode de
l'enchère publique, reçue par un *Magistrat,* dont la
présence a pour objet, d'empêcher qu'une vente ne soit
consommée, avant que tous les concurrens aient été
réduits *au silence;* fournit d'avance aux Juges la convic-
tion, que le fonds a été vendu *à son vrai prix.* Or, ces
deux circonstances précieuses se rencontrent dans cette
multiplicité d'adjudications qui se sont faites sur-tout
en l'an 3, aux *criées judiciaires* des départemens. La
présomption que *le vrai prix du moment* n'a pas été
atteint, ne peut donc pas subsister dans ce genre d'adjudications plus que dans celles qui sont qualifiées *décret
forcé;* les demandeurs en lésion, sont donc également
non-recevables au second cas comme au premier,
conformément au principe adopté par tous les Juris-
consultes : *Ubi eadem ratio, idem jus.*

F I N.

DE L'IMPRIMERIE DE MIGNERET,
rue Jacob, N.° 1186.

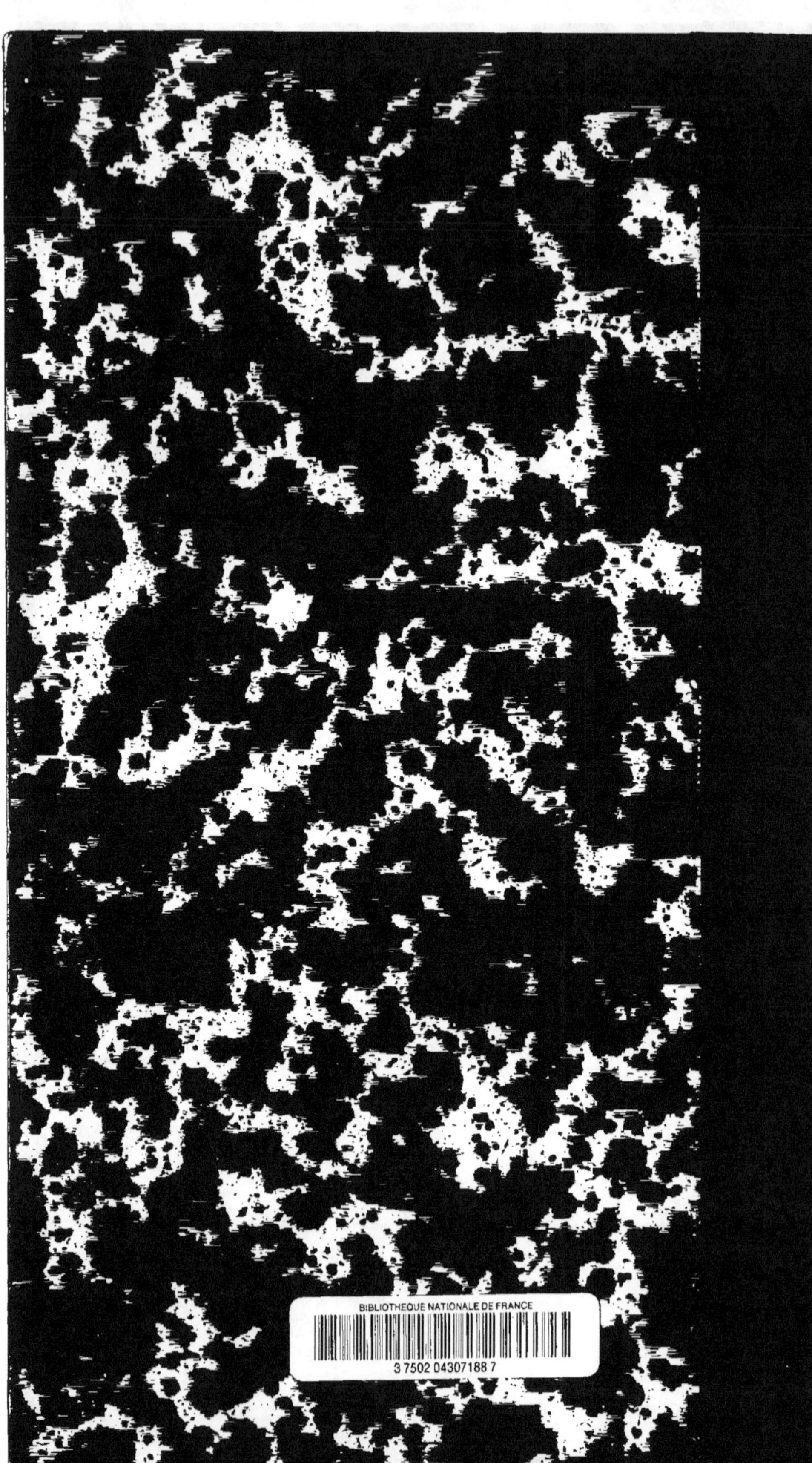
BIBLIOTHEQUE NATIONALE DE FRANCE
3 7502 04307188 7

www.ingramcontent.com/pod-product-compliance
Lightning Source LLC
Chambersburg PA
CBHW051349050726
47595CB00006B/2474